INTERIORES
mexicanos

estilo y personalidad

INTERIORES
mexicanos

EDICIÓN

Fernando de Haro • Omar Fuentes

estilo y personalidad

AUTORES . *AUTHORS*
Fernando de Haro y Omar Fuentes

DISEÑO Y PRODUCCIÓN EDITORIAL .
EDITORIAL DESIGN & PRODUCTION

DIRECCIÓN DE PROYECTO . *PROJECT MANAGER*
Valeria Degregorio Vega
Martha P. Guerrero Martel

COLABORADORES . *CONTRIBUTORS*
Ingrid B. Barajas Barrera
Mónica Escalante Cervantes

CORRECCIÓN DE ESTILO . *COPY EDITOR*
Abraham Orozco González

TRADUCCIÓN . *TRANSLATION*
Dave Galasso
Luis Alberto Capilla

© 2002, Fernando de Haro y Omar Fuentes

Segunda Edición: 4,000 ejemplares

Arquitectos Mexicanos Editores S.A. de C.V.
Paseo de Tamarindos No. 400 B, suite 102,
Col. Bosques de las Lomas, C.P. 05120,
México D.F. Tels. 52(55) 5258 0279,
Fax. 52(55)5258 0556.
E-mail: armex@armexedt.com.mx
www.arquitectura.com.mx

ISBN 968-5336-06-7

Ninguna parte de este libro puede ser reproducida, archivada o transmitida en forma alguna o mediante algún sistema, ya sea electrónico, mecánico o de fotorreproducción sin la previa autorización de los editores.

Impreso en Toppan Printing Company, Hong Kong.

Norma Redo Hoeffer

Fotógrafo . Photographer
Sebastián Saldívar

P.P. 2-3, 6-7, 10

Javier Valenzuela Gorozpe
Fernando Valenzuela Gorozpe
Guillermo Valenzuela Gorozpe

Fotógrafo . Photographer
José Ignacio González Manterola

P. 4

Mariangel Alvarez Coghan
Covadonga Hernández García

Fotógrafo . Photographer
José Ignacio González Manterola

CONTENIDO
CONTENTS

13   Introducción . Introduction

25   Mariangel Álvarez Coghan
        Covadonga Hernández García

41   Humberto Artigas del Olmo

49   Fernando de Haro Lebrija
        Jesús Fernández Soto
        Omar Fuentes Elizondo

65   José de Yturbe Bernal

73   Gina Diez Barroso Azcárraga

81   Francisco Guzmán Giraud
        Alejandro Bernardi Gallo

89   Marco Polo Hernández Boix

97   Alejandro Herrasti Ordaz

105   Lourdes Legorreta Hernández

113   Ricardo Legorreta Vilchis
         Víctor Legorreta Hernández
         Noé Castro Castro

121   Genaro Nieto Ituarte

129   Norma Redo Hoeffer

137   Roberto Redo Hoeffer
         Gonzalo Altamira

145   Juan José Sánchez-Aedo

153   Javier Sordo Madaleno
         Claudia López-Duplán
         Ana Paula De Haro

161   Javier Valenzuela Gorozpe
         Fernando Valenzuela Gorozpe
         Guillermo Valenzuela Gorozpe

169   Directorio . Directory

           Colaboradores . Collaborators

Javier Sordo Madaleno
Claudia Lopéz-Duplán
Ana Paula de Haro

Fotógrafo . Photographer
Ignacio Urquiza

P. 15

Mariangel Alvarez Coghan
Covadonga Hernández García

Fotógrafo . Photographer
José Ignacio González Manterola

P. 16

Gina Diez Barroso

Fotógrafo . Photographer
Víctor Benítez

INTRODUCCION
INTRODUCTION

Quienes estamos al servicio del descubrimiento de la vida interior de nuestras casas y lugares de trabajo o de reunión, sabemos de la importancia de la decoración como elemento esencial para hacer más grata nuestra permanencia en esos espacios. Descubrir, inventar para otros un modo de ser que adopten como propio y plasmarlo exteriormente, es todo un logro, un desafío que consiste en expresar, con imágenes, lo que cada uno es, tanto para sí mismo como para quienes comparten su vida.

La posibilidad de encontrar una identidad en los múltiples juegos de formas, texturas y colores, le da a la decoración una destacada jerarquía en la escala de valores, lo mismo si se trata de la búsqueda de un objeto pequeño que de la creación de un proyecto de gran magnitud.

La imaginación se pone al servicio de sí misma; decorar es como hablar, pero en un sentido más amplio, más libre que permite que vivamos, a través de los sentidos, distintos sueños y uno que otro capricho.

Este libro es una muestra de porqué los profesionales de la decoración en México han alcanzado un nivel competitivo internacional. En sus páginas veremos diferentes modos de abordar un proyecto de decoración, de acuerdo con el espacio arquitectónico. Propuestas como la de una palapa en la playa, en donde lo rústico, con toda su magia, se transforma en un ambiente elegante y sensual; obras que permiten apreciar cómo la influencia de Luis Barragán, que es una corriente latente en cada uno de nosotros, logra que el estilo Mexicano se reinvente a sí mismo para adaptarse a las nuevas formas de vida; o ejemplos del estilo Clásico Contemporáneo, que rinde tributo al valor de la decoración y de la estética en la historia; o muestras de estilo Ecléctico, que combina todas las épocas y tendencias, creando espacios plenos de armonía y balance entre las formas, o finalmente del estilo Moderno Minimalista, donde el diseño se convierte en obra de arte para crear ambientes sobrios, siempre contemporáneos.

Interiores Mexicanos es, pues, un testimonio gráfico de las diferentes tendencias y corrientes y de sus más distinguidos exponentes, dirigido a un público cada vez más conocedor y exigente, que ha descubierto, igual que nosotros, el gozo de la decoración como elemento imprescindible en la vida cotidiana.

Norma Redo Hoeffer

We, who are at the service of discovering the internal life of our dwellings, and work or gathering places, acknowledge the importance of decoration as an essential element to make our permanence inside these spaces more pleasurable. Discovering, inventing for others a way of being for them to adopt as their own and to give it an exterior expression, is an achievement in itself, a challenge consisting in capturing, in images, what each one of us is, both for oneself as for those who share our lives.

The possibility of finding an identit in the multiple plays of forms, textures and colors gives decoration an outstanding position in the set of values hierarchy, the same goes for the search of a small object as ewll as the creation of a large-scale project.

Imagination is put at one's service. Decorating is like talking, but in a broader and freer sense, one which allows us to live, through our senses, different dreams and one or two whims.

This book demonstrates why decoration professionals in Mexico have reached an international competitive level. In its pages, we'll see different ways of approaching a decoration project, in accordance to the architectural space. Proposals, like a palm shelter on a beach, where rusticity, with all its magic, turns into an elegant and sensual surrounding; works by which the beholder can appreciate the influence of Luis Barragán, a latent current in each one of us, succeeding in reinventing Mexican Style for its adaptation to the new ways of life; or examples of the Contemporary Classic Style, which pays tribute to the value of decoration and to aesthetics in history; or samples of the Eclectic Style, which combines all periods and tendencies, creating spaces filled with harmony and balance among the forms; or, finally, the Modern Minimalist Style, where design becomes an artwork in which sober, and always contemporary, atmospheres are created.

Mexican Interiors is, thus, a graphic testimony of the different tendencies and currents, and of their most outstanding exponents. A work directed towards an increasingly more knowledgeable and demanding public who, like us, have discovered joy in decoration as an essential element in daily life.

Norma Redo Hoeffer

El compromiso más importante del arquitecto con su cliente, surge en el momento en que deben encontrarse las soluciones a los espacios interiores. Y se trata de un compromiso personal porque el espacio, aunque derive de una idea estructural o estilística, carece de forma en sí mismo y sus cualidades, su apariencia, sus dimensiones, dependen de los elementos que se utilicen para delimitarlo y la decisión de la manera como esto va a resolverse depende casi siempre del gusto y las preferencias del usuario.

The architect's most important commitment to their client arises the moment solutions to interior spaces must be found. And this commitment is personal, since, although space stems from a structural or stylistic idea, it lacks form by itself or its qualities; its appearance and dimensions are contingent on the elements used to define it; and the decision on the way in which it is going to be solved frequently depends on the user's taste.

No. 1, 3

MARIANGEL ALVAREZ COGHAN
COVADONGA HERNÁNDEZ GARCÍA

FOTÓGRAFO . PHOTOGRAPHER
José Ignacio González Manterola

No. 2

JAVIER SORDO MADALENO
CLAUDIA LÓPEZ-DUPLÁN
ANA PAULA DE HARO

FOTÓGRAFO . PHOTOGRAPHER
Ignacio Urquiza

No. 4

GINA DIEZ BARROSO

FOTÓGRAFO . PHOTOGRAPHER
Víctor Benítez

Las opciones son múltiples, unas más complicadas que otras, pero todas parten de conceptos bien definidos, como los casos que ilustran este libro, donde hay soluciones que toman en cuenta el movimiento de la luz natural en el transcurso del día, ambientes cuya pauta es el color, las texturas, los materiales, la iluminación, el mobiliario, los objetos decorativos, el clima, el entorno...

There are many choices. Some are more complicated than others, but they all originate from well-defined concepts, like the cases illustrating this book, where we find solutions in which the movement of natural light during the day, atmospheres with color as a guideline, textures, materials, lighting, furniture, decorative objects, the weather and the environment are all considered relevant.

No se trata sólo de arquitectura, sino de arquitectura y talento, de talento e imaginación, buen gusto y capacidad de interpretación de los deseos y las expectativas del usuario que es, en última instancia, el que va a disfrutar o padecer esos espacios interiores.

Beyond plain architecture, our concern relates to architecture and talent, talent and imagination, imagination and culture, good taste and the ability to interpret the user's wishes and expectations, for it is the user who, after all, will enjoy or endure these interior spaces.

Javier Sordo Madaleno
Claudia López-Duplán
Ana Paula de Haro

Fotógrafo . Photographer
Ignacio Urquiza

P.P. 22-23

Javier Valenzuela Gorozpe
Fernando Valenzuela Gorozpe
Guillermo Valenzuela Gorozpe

Fotógrafo . Photographer
José Ignacio González Manterola

Mariangel Alvarez Coghlan
Covadonga Hernández García

La firma *MarqCó* fue creada por Mariangel y Covadonga. *MarqCó* es un estilo caracterizado por el disfrute de los materiales naturales, el sabor de sus texturas y colores originales, y la capacidad para hacerlos armonizar con los más variados ambientes. *MarqCó* desarrolla en cada proyecto un concepto para vivir o trabajar; un concepto que transforma los sueños en muebles de la más alta calidad de manufactura mexicana, mediante el talento de las manos artesanas y la precisión del experto. El espacio *MarqCó* es un clima propicio para enriquecer la relación entre las personas y su entorno cotidiano. Un espacio que habla al hombre y en el cual el hombre puede gustar de la vida con estilo.

Created by Mariangel and Covadonga, the decorative design firm *MarqCó* is defined as a style characterized by a passion for the textures and colors of natural materials and the ability to harmonize them with a wide range of interior environments. *MarqCó* creates a unique living or working concept for each project. A concept that transforms dreams into the highest quality handcrafted Mexican-made furniture. *MarqCó* interiors create a setting that enhances our relation with our everyday environment. Their's are spaces that speak to man, and in which man can enjoy life in style.

Casa La Punta

México, D.F.

FOTÓGRAFO . PHOTOGRAPHER
José Ignacio González Manterola

La minuciosa selección de los accesorios y el mobiliario de este hogar, enfatiza la generosidad de los espacios y acentúa la calidad de los detalles.

The deliberate selection of furnishings and accessories both emphasizes the size of the space and enhances the quality of detail.

Casa Los Arcos

México, D.F.

FOTÓGRAFO . PHOTOGRAPHER
José Ignacio González Manterola

El mobiliario, cuidadosamente seleccionado, respeta el estilo arquitectónico. La combinación de colores es la clave para lograr esa sensación de unidad en la diversidad.

The carefully chosen furnishings respect the architectural style. The combination of colors is the key to achieving the sensation of unity and diversity.

Casa Los Secretos

México, D.F.

Fotógrafo . Photographer
José Ignacio González Manterola

La sencillez del mobiliario, al mismo tiempo que acentúa la amplitud de los espacios, transmite la sensación de un ambiente grato y apacible.

The simplicity of the furnishings accentuates the size of the spaces while creating the sensation of a pleasantly peaceful environment.

Casa Parque Escondido

México, D.F.

FOTÓGRAFO . PHOTOGRAPHER
José Ignacio González Manterola

La relación armónica entre la arquitectura y el diseño interior, se logra con la incorporación de elementos étnicos y el uso de colores vivos y atrayentes. Cada pieza de mobiliario y cada accesorio contribuye a la unidad del diseño.

The harmonious relation between architecture and interior design is achieved by incorporating ethnic elements and the use of bright attractive colors. Each piece of furniture and each accessory contribute to the unity of the design.

Humberto Artigas del Olmo

Actualmente, el despacho *Humberto Artigas y Asociados* está integrado por Humerto Artigas del Olmo, Miguel Basurto, Gustavo Medellín, Jorge Conde, Rosalía Morales y Javier González. Una de las características de la trayectoria del despacho es la de "crear un equilibrio perfecto entre naturaleza, espacios habitables y volúmenes" - Arq. Javier González. Este principio es perceptible en obras desarrolladas por el despacho en diferentes contextos, como los conjuntos residenciales en el ambiente urbano del D.F. o en las costas de Guerrero, el diseño de una iglesia o la construcción de un club de golf. En su concepto destaca, sobre todo, la sencillez, la sobriedad y la integración de los materiales naturales. La conjunción de estos elementos le permite desarrollar una arquitectura versátil y vanguardista; soluciones que se integran con el contexto y donde la luz juega un papel muy importante.

Currently, *the Humerto Artigas y Asociados* bureau is integrated by Humberto Artigas de Olmo, Miguel Basurto, Gustavo Medellín, Jorge Conde, Rosalía Morales and Javier González. One of the characteristics of the bureau's trajectory is to "create a perfect balance among nature, habitable spaces and volumes" - Javier González, architect. This principle is perceptible in works elaborated by the bureau, in different contexts, such as the residential developments built within the urban environment of the Federal District or in the coasts of Guerrero, in the design of a church or in the development of a golf club. The concept, simplicity, sobriety and the integration of the materials stand out, above everything else. The conjunction of these elements provide for the development of a versatile and avant-garde architecture; solutions that blend with the context, where light plays a very important role.

Casa Club de Golf Bosques
México, D.F.

Fotógrafo . Photographer
José Ignacio González Manterola

La cálida atmósfera de la casa club, acentuada por la nobleza de los materiales de origen natural, es una grata reminiscencia de la arquitectura criolla de las tradicionales haciendas mexicanas.

The warm atmosphere of the club house, emphasized by the nobility of the materials, of natural origin, is a pleasant reminiscence of the Creole architecture of the traditional Mexican haciendas.

El delicado trabajo de las maderas en las habitaciones, contrasta con los colores neutros, las diversas texturas de los aplanados y la aspereza aparente de las canteras, los mármoles y las pizarras de los muros y pisos.

The delicate wood workmanship in the rooms contrasts against the neutral colors, the diverse textures of the leveled materials and the apparent roughness of the quarries, the marbles and the shales in the floors and walls.

Fernando de Haro Lebrija
Jesús Fernández Soto
Omar Fuentes Elizondo

En la actualidad, el diseño de interiores forma parte de las disciplinas en que se apoya la arquitectura contemporánea. Por eso ha visto modificada su posición de un mero recurso escenográfico, desligado por completo del proceso de conceptualización espacial, a una valiosa herramienta aplicada en todo momento a la metodología del diseño arquitectónico. Con esa premisa en la mente, *Abax* ha buscado siempre integrar a sus diseños de interiores un sentido de identidad, pertenencia y equilibrio que se relacione claramente con su entorno, su usuario y los diferentes elementos arquitectónicos que utiliza, creando un espacio psicológica y emocionalmente adecuado con quien lo habita.

Interior design has evolved from being considered a secondary decorative process to an integral part of the main spatial concept, and key support tool for contemporary architectural design. Guided by this premise, *Abax's* interior designs provide a clear sense of identity and balance that embrace their environments, users and diverse architectural elements to create a pleasant psychological and emotional setting.

Casa Bosques de las Lomas

México, D.F.

Fotógrafo . Photographer
Luis Gordoa

Atmósfera envolvente que juega con la luz y los diferentes matices de la madera. El inusitado diseño del plafón define la pauta de este espacio de trabajo, sobrio y de gran personalidad.

A sweeping atmosphere that plays with light and the different wood shades. The uncommon soffit design defines the guideline for this sober workspace of great personality.

Casa en Lomas de Chapultepec

P.52 Casa en Tecamachalco
México, D.F.

FOTÓGRAFO . PHOTOGRAPHER
Luis Gordoa

El mirador, el librero empotrado y los diferentes elementos que se utilizaron en la solución de este espacio, reducen visualmente las proporciones de la doble altura. La chimenea es el centro de atención y el punto donde irradia la calidez del ambiente.

The viewpoint, the built-in bookshelf and the different elements used in the solution to this space visually reduce the proportions of the dual height. The chimney is the focus of attention and the point from which ambient warmth radiates.

Casa en Lomas de Chapultepec

México, D.F.

Fotógrafo . Photographer
Michael Calderwood

La luz natural, la decoración y una acertada selección de los muebles, se integran al conjunto arquitectónico para crear rincones acogedores de gran belleza y gusto refinado.

The natural light, the decoration and a clever selection of furniture fit into the architectural set to create cozy corners of great beauty and refined taste.

CASA EN LA PUNTA
México, D.F.

FOTÓGRAFO . PHOTOGRAPHER
Luis Gordoa

Casa en la Balsa

Valle de Bravo, Edo. de México

FOTÓGRAFO . PHOTOGRAPHER
Lourdes Legorreta

El cálido ambiente combina cultura y tradición. Arquitectura mexicana ancestral que armoniza con el clima y el entorno, color, materiales que conservan su textura original, vigas de madera, aplanados rústicos, muebles y decoración que sugieren la herencia familiar.

The warm atmosphere combines culture with tradition. Ancient Mexican architecture harmonizing with the weather and the environment; color, materials with their original texture preserved, wood beams, rustic flattenings, decoration and furniture which suggest family heirloom.

JOSÉ DE YTURBE BERNAL

Las obras de José de Yturbe se caracterizan por la combinación de elementos como el color, los contrastes, la luz y las formas estéticas, que se mezclan con el entorno para crear espacios íntimos y recreativos, resueltos con un lenguaje arquitectónico que tiende a la serenidad y la armonía. En su afán de constante crecimiento, y como respuesta al desafío de la globalización, los diseños de José de Yturbe se han internacionalizado, a través de su firma De Yturbe Arquitectos, para competir en un mercado mundial donde sólo las firmas más prestigiosas son capaces de satisfacer una demanda cada vez más exigente.

Using a serene, harmonious architectural language, José de Yturbe's projects are characterized by a unique combination of light, color, contrasts and esthetic forms that blend with the environment to achieve pleasantly intimate spaces. As part of the *De Yturbe Arquitectos* commitment to sustained growth and meeting the challenges of globalization, José de Yturbe's designs have become more international in order to effectively compete in the world market where only the best firms can fulfill the demands of an increasingly demanding market.

Casa Los Magueyes

México, D.F.

Fotógrafo . Photographer
Christian Zavala Haag

Los amplios espacios, las variadas formas y el abundante colorido recrean la mirada y alimentan el espíritu.

The open spaces, diversity of forms and abundant color please the eye and soothe the spirit.

Casa de las Palapas, Patzcuaritos
Nayarit, México

Fotógrafo . Photographer
Christian Zavala Haag

El diseño conjuga satisfactoriamente elementos modernos, como la celda cilíndrica, y las soluciones precolombinas, como las palapas.
El concepto arquitectónico se integra armoniosamente con la selva tropical.

This design skillfully combines modern elements such as the cylindrical cell and pre-Columbian solutions like "palapas". The architectural concept harmoniously integrates with the semi-tropical jungle environment.

GINA DIEZ BARROSO AZCÁRRAGA

En 1990, Gina Diez Barroso funda el *Grupo Diarq*, que a partir de entonces ha crecido hasta contar, hoy, con oficinas en dos ciudades de los Estados Unidos. Bajo su dirección, el grupo ha desarrollado más de 400 proyectos fundamentalmente de su especialidad, que son los desarrollos residenciales, oficinas corporativas y hoteles, todos ellos de alto nivel. En sus obras predomina el estilo clásico mexicano-mediterráneo, aunque el grupo cuenta con especialistas de diferentes estilos para adaptarse a las necesidades de cada cliente. Muestra una preferencia por materiales como cantera, forja, madera y el mármol. Su intención es crear ambientes que envejezcan con dignidad, un clasicismo con alto diseño que trascienda.

Since creating *Grupo Diarq* in 1990, Gina Diez Barroso has maintained her architectural firm on a path of sustained growth; establishing offices in a number of U.S. cities. Under her leadership, the group - which specializes in upscale residential developments, corporate offices and hotels- has built a portfolio of over 400 projects. The Group is distinguished by a predominantly classic Mexican-Mediterranean style, yet also has the talent and flexibility to adapt to each client's specific needs. Design features reflect a clear preference for traditional materials such as decorative handworked stone, iron, wood and marble. *Grupo Diarq's* core focus is to create transcendent designs that gracefully age with time.

Departamento Frondoso II
México, D.F.

FOTÓGRAFO . PHOTOGRAPHER
Víctor Benítez

Ambiente lujoso y elegante. La policromía y los acabados naturales del decorado, de estilo neoclásico, cumplen la función de unir las diferentes áreas.

Luxurious and elegant atmosphere. Polychromy and the natural finish of the neoclassic-style decoration fulfill their function as links for the different areas.

Departamento Torre Altus

México, D.F.

Fotógrafo . Photographer
Víctor Benítez

La gran altura, un espacio limpio y transparente y la monocromía de los pisos, muros y techos, realzan los colores de las obras de arte.

The great height, a clean and transparent space and the monochromy of the floors, walls and ceilings highlight the colors of the works of art.

RESIDENCIAL DEL BOSQUE
México, D.F.

Fotógrafo . Photographer
Sandra Pereznieto

Combinación interesante: un departamento con sistemas inteligentes, creado con el estilo minimalista clásico y decorado con obras de artistas mexicanos representativos del movimiento de "ruptura".

An apartment with intelligent systems, created in a classic minimalist style and decorated with works of Mexican artists which are representative of the "rupture" movement is an interesting combination.

Francisco Guzmán Giraud
Alejandro Bernardi Gallo

Desde el momento en que Francisco Guzmán y Alejandro Bernardi, decidieron asociarse, se impusieron el compromiso de crear espacios acogedores, que llenaran las expectativas de sus clientes, no sólo desde el punto de vista estético, sino también funcional. El rasgo distintivo de sus casas es que proyectan su esencia hacia el interior, como un acto de defensa hacia la hostilidad del exterior. Muestran inclinación por las líneas y acabados limpios, que no distraigan la atención del elemento que consideran más importante: el espacio. El toque de emotividad en los espacios lo consiguen con la sobreposición de formas y volúmenes, con cambios en las alturas y matices controlados en la iluminación, con el recurso de la transparencia y el uso de una amplia gama de elementos como domos y bóvedas.

From the moment Francisco Guzmán and Alejandro Bernardi decided to partner, they gave impulse to a commitment to create warm, comfortable spaces that would meet the expectations of their clientes, both esthetically and in function. The distinctive trait of their designs is how the essence of the home is projected inward, as if in defense against the hostilities of the outside world. They show a clear prefferrence for clean lines and finishes that don't distract from what they feel is most important: The space. The emotional impact of the spaces is achieved through the superimposition of form and volume, contrasts in heights, controlled lighting nuances, the use of transparency and the application of a broad range of elements such as domes and vaulted ceilings.

Casa Bezares
México, D.F.

FOTÓGRAFO . PHOTOGRAPHER
Héctor Velasco Facio

La luz que corre por los cristales del nicho, da profundidad e importancia a las piezas que se exponen. La disposición de los lavabos en isla permite que el área de circulación sea compartida por el vestidor y da lugar a un espacio más generoso y eficiente.

The light running through the crystals of the niche gives depth and significance to the pieces shown. The disposition of the washbowls in an island configuration allows sharing of the circulation area with the dressing room, bringing forth a more generous and efficient space.

Casa Andrea
México, D.F.

Fotógrafo . Photographer
Héctor Velasco Facio

La pantalla de madera no llega al plafón y esto permite que la luz artificial ilumine el cuarto de televisión y la escalera.

The wood screen doesn't reach the soffit, allowing the television room and the staircase to be batherd with artificial lighting.

Marco Polo Hernández Boix

La galería de diseño *Memoria* nació con el propósito de producir muebles y objetos contemporáneos que tengan connotaciones estéticas y funcionales muy personales. Su fortaleza es la creatividad, que quiere decir profesionalismo, ánimo de búsqueda, entusiasmo y capacidad para mantener un diálogo abierto con las aspiraciones de sus clientes y la realidad. El denominador común de las diferentes tiendas del grupo, es la búsqueda de soluciones simples pero precisas, que permitan afrontar de modo elegante el desafío del paso del tiempo.

The *Memoria* design gallery was given life to produce contemporary furniture and items of a highly personal esthetic and functional nature. The company's strength lies in its creativity, professionalism, innovative drive, enthusiasm, and ability to balance the customer's desires with reality. The one common denominator linking the different *Memoria* stores in Mexico is the constant search for simple yet precise solutions that elegantly meet the challenge of time.

Casa Bernat Kuri
Puebla, Pue.

FOTÓGRAFO . PHOTOGRAPHER
Rolando White

En los interiores la luz protagoniza un doble papel, como elemento puramente funcional y como recurso de valor estético.

Interior light plays a double role: as a purely functional element and as a resource of esthetic value.

Casa Bernat Lizaola

Puebla, Pue.

FOTÓGRAFO . PHOTOGRAPHER
Rolando White

La decoración, la luz y la cuidadosa selección de materiales se complementan para crear rincones singularmente atractivos de gusto refinado.

The decoration, lighting, and careful selection of materials, complement each other to create elegant, highly attractive areas.

Casa de la Llave
Puebla, Pue.

Fotógrafo . Photographer
Rolando White

El mobiliario, diseñado de acuerdo con las necesidades de los usuarios, se integra a la arquitectura para crear espacios equilibrados, donde prevalecen la armonía y el buen gusto.

Designed in line with user needs, the furnishings integrate with the architecture to create balanced spaces where harmony and good taste prevail.

ALEJANDRO HERRASTI ORDAZ

Dentro del rico universo de la arquitectura mexicana, Alejandro Herrasti Ordaz procura evitar las modas e intenta responder a cada proyecto mediante la equilibrada integración de los mundos indivisibles de la arquitectura y del interiorismo, trabajando paralelamente los anteproyectos de ambas disciplinas; poniendo énfasis en el detalle y en la comodidad, en las emociones y en la incorporación de la tecnología actual. "Estamos conscientes - dice Alejandro Herrasti - que nuestro trabajo de composición es sólo una parte de la vida de cada proyecto, por lo que buscamos tomar las decisiones adecuadas para establecer una línea de diseño esencial, unificadora; una personalidad fuerte y propia que permita una flexible y amable evolución de los proyectos ante la prueba del uso y del tiempo".

In his pursuit to integrate architectural design and interior design into a harmonious whole, Alejandro Herrasti Ordaz steers clear of fletting trends and fashions within the rich universe of Mexican architecture. His solution to this challenge begins in the preliminary design stage by giving parallel importance to detail and comfort, esthetics and current technology. "We believe", says Alejandro Herrasti Ordaz. "That composition is only a part of any project we do. As such, we search for that unifying essence, that strong, identifying personality that allows each project to gracefully stand up to use and the test of time".

Departamento Rincón del Bosque
México, D.F.

FOTÓGRAFO . PHOTOGRAPHER
P.P. 98 y 100 Jordi Farré
P.P. 99 Sandra Pereznieto

La sobria arquitectura sirve de marco al elegante ambiente interior, cuyo carácter está determinado por su enclave citadino.

The sober architectural design serves as the framework for an elegant interior environment whose character is determined by its city enclave.

Departamento en Polanco

México, D.F.

FOTÓGRAFO . PHOTOGRAPHER
Sebastián Saldívar

Ambiente ecléctico y austero donde el contraste de los diversos elementos decorativos valoriza el efecto del conjunto.

An eclectic, austere environment where the contrast of different decorative elements strengthens the overall effect.

Lourdes Legorreta Hernández

Egresada de la Universidad Anáhuac y con estudios de posgrado en instituciones especializadas en el diseño de interiores y la fotografía, en los Estados Unidos, Lourdes Legorreta, a partir de 1980, ha desarrollado una intensa actividad profesional que incluye, además de su trabajo individual, colaboraciones con la firma *Legorreta + Legorreta* en numerosos proyectos de remodelación de grandes hoteles, oficinas y residencias. "Mi estilo es modernista - dice Lourdes Legorreta - y me gusta combinar accesorios, artesanías y muebles tanto mexicanos como de otros países: en muchas ocasiones los muebles que utilizo son de mi propia creación. El objetivo que persigo en el diseño de interiores, ya sea de casas u oficinas, es crear ambientes alegres, cálidos, elegantes y prácticos".

As a graduate of Mexico city's prestigious *Anáhuac University*, and with post-graduate studies at specialized American institutions in interior design and photography, Lourdes Legorreta has developed an intense professional activity since 1980, which includes -in addition to her individual work- collaborations with the design firm *Legorreta + Legorreta* on numerous large scale remodeling projects for hotels, office buildings and homes. "My style is modernist, and while I like to combine accessories, artisanry and furnishings from Mexico and other countries, the furniture I use is frequently of my own design. The objective I pursue in interior design -be it for a home of office- is to create cheerfully warm, elegant, practical environments", says Ms. Legorreta.

Casa Ariztegui

México, D.F.

Fotógrafo . Photographer
Lourdes Legorreta

La decoración respeta el estilo californiano de los años cincuenta, pero aporta un toque de modernidad con los muebles y accesorios.

The decoration follows the California style of the 50s, but provides a touch of modernism with the furniture and accessories.

El ambiente de la casa es cálido y al mismo tiempo contemporáneo. La mayoría de los accesorios son artesanías y piezas de arte de creadores mexicanos.

The feel of the home is warm yet contemporary. The majority of the furnishings are Mexican artisanry and pieces of art.

Ricardo Legorreta Vilchis
Víctor Legorreta Hernández
Noé Castro Castro

El concepto arquitectónico de la firma *Legorreta + Legorreta*, queda claramente definido cuando crean ambientes humanos dentro de una atmósfera de intimidad, paz y optimismo donde sus habitantes sean felices y con ello, mejores personas y mejores ciudadanos. Para alcanzar ese objetivo proponen soluciones en las que predominan los espacios limpios, ambientes creados con materiales simples, luz, color, e iluminación. Arquitectura clásica y no de moda, que sirva de marco para lograr una buena calidad de vida.

According to the founder and head architect of *Legorreta + Legorreta*, the guiding concept of the firm, "Is to design human environments with intimate, peaceful, positive atmospheres where the inhabitants are happy, and as a result, better persons and better citizens". In alignment with this vision the firm creates solutions where clean interior spaces predominate and the absence of a large yard or sweeping panoramic vista is not a factor. Created with a refined economy of simple materials, natural light, color and illumination, these atmospheres are imbued with a sense of classic, lasting architecture that serves as a framework for achieving a good quality of life.

Monte Tauro
México, D.F.

FOTÓGRAFO . PHOTOGRAPHER
Lourdes Legorreta

Espacio, color e iluminación para crear un retiro romántico y espiritual que aísla y protege a su único morador de la caótica vida urbana de la gran ciudad.

Space, color and illumination create a romantic getaway and spiritual refuge from the urban chaos of the big city for his home's only inhabitant.

Casa Víctor y Jacinta
México, D.F.

FOTÓGRAFO . PHOTOGRAPHER
Lourdes Legorreta

La idea de proyectar la luz hacia los espacios internos, determinó la ubicación de las ventanas, que miran hacia el patio, hacia la parte posterior, hacia el cielo y hacia el sol.

The idea of projecting natural light into inner spaces determined the location of the windows, which take the eye to the patio, to the back of the property, to the sky and to sun.

Casa Lucía
México, D.F.

Fotógrafo . Photographer
Lourdes Legorreta

Espacios amplios, con personalidad escultórica. Las entradas de luz a través de ventanas altas, tragaluces y celosías le dan originalidad a esta solución.

Ample spaces with a classic personality. The entrance of light through high windows, skylights and lattice-work offer originality to this solution.

Genaro Nieto Ituarte

El excelente prestigio de *Grupo Arquitectónica*, que cuenta con varios años de trabajo y éxito constante, es el reflejo del profesionalismo y entrega del Arq. Genaro Nieto Ituarte, que ha sido baluarte importante e iniciador de esta firma de arquitectos, siempre comprometidos con los valores de la arquitectura, funcionalidad y estética, armonizados en cada una de sus creaciones. A través del tiempo y la experiencia este grupo de profesionales, han logrado amalgamar sus principios de diseño; y a la fecha esta firma cuenta ya con un número importante de trabajos e igual cantidad de clientes satisfechos que viven y disfrutan de sus agradables espacios.

The high prestige of the design firm *Grupo Arquitectónica* is a reflection of the professionalism and devotion of company's founder, Genaro Nieto Ituarte, to a group of architects committed with integrating the harmonized values of architecture, functionality and esthetics into each one of their creations. Through time and experience this firm has established its own set of design principles which has allowed it build a broad project portafolio and an equally diverse number of satisfied customers who live in and enjoy the pleasant spaces designed by this company.

Casa en Arcano

Ixtapa Zihuatanejo, Gro.

FOTÓGRAFO . PHOTOGRAPHER
Ignacio Urquiza

La mezcla de materiales permite que cada uno conserve su propia riqueza y armonice con el conjunto. Las vigas de madera redondas crean un ambiente cálido y acogedor.

The combination of different materials allows each one of them to retain its own richness and to harmonize with the rest. The round wood beams create a warm and cozy atmosphere.

Casa Valle de Bravo

Valle de Bravo, Edo. de México

Fotógrafo . Photographer
Paul Czitrom

El espacio se integra al entorno respetando la naturaleza del terreno, sin descuidar la armonía de las líneas ni la rica textura de los materiales.

This space incorporates into its surroundings, respecting the nature of the land, without neglecting the harmony of the lines nor the rich texture of the materials.

Hacienda de la Luz

México, D.F.

FOTÓGRAFO . PHOTOGRAPHER
Paul Czitrom

La iluminación crea un juego de luces y sombras que acentúa la nobleza de los materiales. Una acertada combinación de texturas y colores con absoluto respeto por las proporciones.

The lighting design underlines the nobility of the materials. A clever combination of textures and colors, with total respect for proportions.

Norma Redo Hoeffer

Norma Redo es autodidacta, ha perfeccionado su intuición con cursos de decoración y diseño del paisaje en instituciones como el Inchbald School of Design y The English Gardening School, ambas de Londres, Inglaterra. En los últimos años se ha dedicado a estudiar el arte del Feng Shui. Empezó su actividad profesional en 1989, apoyando a prestigiosos arquitectos, y ha abarcado diferentes géneros, desde la restauración y construcción de edificios públicos, casas habitación, oficinas y tiendas. No tiene preferencia por ningún estilo, parte del principio de que la estética es subjetiva y considera que para que exista armonía es necesario cuidar el balance.

Self taught, Norma Redo has perfected her intuitive skills with courses in decoration and landscape design at institutions such as the Inchbald School of Design and The English Gardening School; both in London, England. She has also been studying the art of Feng Shui over the last few years. Ms. Redo began her career in 1989 by assisting renowned architects, and has been involved in different types of projects ranging from restoration to construction of public buildings, homes, offices and shops. She has no preferred style, yet is guided by the belief that esthetics is subjective and that harmony can only be achieved through balance.

Casa en Tacubaya
México, D.F.

Fotógrafo . Photographer
Ricardo Castro

La decoración de estilo clásico crea un ambiente relajante. La combinación de colores arena y los toques de rojo y verde acentúan la calidez de este espacio.

This classical decorational style creates a relaxed atmosphere. The combination of sand tones and the touches of red and green enhance the warmth of the space.

Departamento en Acapulco

Acapulco, Gro.

Fotógrafo . Photographer
Sebastián Saldívar

Departamento Playa Mar
Acapulco, Gro.

Fotógrafo . Photographer
Ricardo Castro

El estilo es moderno. El ambiente cálido lo crean el amarillo de los muros y el acabado de los muebles. En contraste, el toque de frescura lo dan las tonalidades de azul y las plantas.

The style is modern. The warm atmosphere is created by the yellow walls and the finish of the furnishings. In contrast, the touch of freshness is provided by the tones of blue and the plants.

Roberto Redo Hoeffer
Gonzalo Altamira

Gonzalo Altamira y Roberto Redo, iniciaron sus actividades profesionales en 1986, y desde entonces se fijaron como meta atender plenamente los requerimientos de sus clientes. Esa decisión los ha llevado a proponer soluciones en todos los géneros, desde el minimalismo hasta el barroco más puro, y también a realizar obras muy diversas como la decoración de casas, creación de ambientes para fiestas y bodas, escenografías para productos comerciales y museografía. Sus propuestas están basadas en una cultura muy amplia y un conocimiento profundo de los diferentes estilos tanto de arquitectura como de mobiliario. "Buscamos -dicen- ofrecer propuestas nuevas mezclando los diferentes estilos que han existido a lo largo de la historia. Dar a nuestros clientes un refinamiento muy especial e integrarlos a los movimientos más actuales".

Since initiating their professional careers as architects in 1986, both Gonzalo Altamira and Roberto Redo have been guided by one goal: To fully meet the needs of their clients. That decision has carried them to create solutions in every genere ranging from minimalism to the purest Baroque, and to take on projects as diverse as home decoration, creating party and wedding environments, products scenery, and designing museums. Using an extensive working knowledge of the different architectural and furniture styles, "We mix the different styles that have existed throughout history in our pursuit to offer new solutions that give our clients distinctive refinement with the latest design trends", say the architects.

Departamento Martín del Campo

México, D.F.

FOTÓGRAFO . PHOTOGRAPHER
Pablo Oseguera Iturbe

El excepcional ambiente de este departamento se logra con la combinación del refinamiento europeo del mobiliario, las pinturas de artistas contemporáneos y el colorido de los muros y telas.

The exceptional atmosphere of this apartment is achieved by combining the European refinement of its furniture, the paintings of contemporary artists and the colors of the walls and fabrics.

Juan José Sánchez-Aedo

A lo largo de más de 15 años de trayectoria profesional, Juan José Sánchez-Aedo se ha inclinado por realizar una arquitectura contextualista, no sólo físicamente sino también desde el punto de vista geográfico. Por eso cada una de sus obras cumple la misión de adaptarse a sus distintos usos y a su entorno. Con el fin de generar contrastes, suele aplicar diversas texturas que dan dinamismo a los espacios; texturas que se encuentran en cristales, piedras, maderas y materiales de uso contemporáneo como el aluminio que, al mismo tiempo que dan color, generan en conjunto distintos matices que otorgan fisonomía propia a cada lugar.

Throughout his more than 15 years of professional practice, Juan José Sánchez-Aedo has shown a clear inclination toward contextual architecture, not only physically, but also from a geographic perspective. Which is why each one of his works fulfills the mission of adapting to distinctive uses and environments. To create contrasts he often employs a dialogue of textures that lend a dynamic vibrancy to spaces; textures that are found in glass, stone, wood and contemporary materials such as aluminum which, in addition to providing color, combine in their tonal shades that give each interior a unique personality.

Casa en Bosques de las Lomas

México, D.F.

FOTÓGRAFO . PHOTOGRAPHER
Luis Gordoa

El espacio interior, de alturas múltiples, genera las circulaciones internas y se convierte en un gran distribuidor donde convergen dos brazos radiales.

Inner circulation is acieved where the two radial arms converge in this interior space of varying heights.

En un terreno en declive y en forma de abanico, la casa se integra como una totalidad y no como la suma de sus partes.

The house forms and integral part of the slopping, fan shaped terrain, and not just as the sum of its parts.

Javier Sordo Madaleno
Ana Paula de Haro
Claudia López-Duplán

Con la experiencia acumulada a lo largo del tiempo, tanto en el trabajo arquitectónico como en el diseño de interiores, *Sordo Madaleno Arquitectos* decidió crear, en 1998, el grupo *Dentro*, del que forman parte, además de Javier Sordo Madaleno Bringas, Claudia López-Duplán y Ana Paula de Haro, con el propósito de incursionar en el ámbito de la arquitectura comercial. *Dentro* se preocupa por captar la esencia de las necesidades del cliente, entender su forma de vida y proponer un diseño que responda a esas aspiraciones, sin perder su estilo característico. Sobre esas bases ha creado un nuevo concepto donde los materiales y formas muy cercanos a nuestra cultura, se combinan con nuevas ideas, evolucionan con el tiempo y dan lugar a diseños sobrios, elegantes y de excelente manufactura.

Building on the accumulated experience of years of professional practice in both architecture and interior design, *Sordo Madaleno Arquitectos* created the *Dentro Group* in 1998 for expanding into the area of commercial archictecture. Headed by Javier Sordo Madaleno Bringas, Claudia López-Duplán and Ana Paula de Haro, *Dentro's* core philosophy is the capture the essence of each client's needs by studying their way of living and then creating a design aligned with their particular lifestyle. Using this approach the firm has created a new concept where cherished Mexican forms and materials are combined with fresh ideas to achieve elegant, excellently built designs.

Dentro

México, D.F.

Fotógrafo . Photographer
Sebastián Saldívar

Este espacio, inspirado en las formas de la arquitectura mexicana y resuelto con materiales que contrastan con la sencillez de las líneas, sugiere una grata armonía.

This space suggests a pleasant harmony of revered Mexican design details and materials that contrast with the clean simplicity of the lines.

Casa en Atalaya

México D.F.

Fotógrafo . Photographer
Sebastián Saldívar

Javier Valenzuela Gorozpe
Fernando Valenzuela Gorozpe
Guillermo Valenzuela Gorozpe

Con la inquietud de satisfacer las necesidades de cada consumidor para amueblar espacios de acuerdo a determinadas especificaciones, los hermanos Valenzuela fundan *Terrés Muebles & Interiores* en 1991. A partir de entonces, de manera conjunta, han buscado y propuesto formas, antiguas o nuevas, de concebir la creación de espacios, con la única finalidad de responder a las exiencias del cliente. El resultado ha sido un trabajo versátil, con una gran diversidad de estilos, en el que cada proyecto que emprenden es único, porque su propósito es interpretar las aspiraciones y los sueños de cada cliente para traducirlos en muebles de la más alta calidad o en soluciones eficientes y creativas de donde pueden surgir lo mismo un clásico que un vanguardista.

The Valenzuela founded *Terrés Muebles & Interiores* in 1991, as a result of the desire of satisfy the need of each customer, to furnish spaces accordings to determinated spacification, and have been since then in the constant pursuit to descover new or old forms for creating spaces that fully respond to their client's demands. The result has been a versatile portafolio of styles that reflect the firm's philosophy, which is that each project is as unique as the hopes and dreams of the client, and that translating those desires into furniture of the highest quality -be it a signature classic or vanguard solution- is the ultimate goal.

Casa
Lomas de Chapultepec
México, D.F.

FOTÓGRAFO . PHOTOGRAPHER
José Ignacio González Manterola

La diversidad de estilos en que se basa la decoración contribuye a crear un ambiente único en cada espacio.

The diversity of styles upon which the decoration is based helps to create a unique ambience in each space.

Casa
Bosques de las Lomas
México, D.F.

FOTÓGRAFO . PHOTOGRAPHER
José Ignacio González Manterola

La decoración, de estilo moderno, transmite una sensación de frescura y desenfado; los muebles clásicos aportan calidez y una grata atmósfera de intimidad.

The modern-style decoration conveys a sense of freshness and levity. Classic furniture adds warmth and a nice atmosphere of intimacy.

DIRECTORIO
DIRECTORY

Mariangel Alvarez Coghlan
Covadonga Hernández García

Marqcó Diseño

Revolución 1495,　　　　　tel. 5661 9385　5661 6204
San Angel, C1040,　　　　 fax. 5662 9789
México, D.F.　　　　　　　 e-mail. sanangel@marqco.com
　　　　　　　　　　　　　lomas@marqco.com
　　　　　　　　　　　　　www.marqco.com

Humberto Artigas del Olmo

Humberto Artigas y Asociados

Calz. al Desierto de los Leones 5934　tel. 5585 2614
Olivar de los Padres, 01780,　　　　　fax. 5585 2756
México, D.F.　　　　　　　　　　　　 www.artigas.com.mx

Fernando De Haro Lebrija
Jesús Fernández Soto
Omar Fuentes Elizondo

Abax

Paseo de Tamarindos 400 B-102　tel. 5258 0558
Bosques de las Lomas, 05120,　 fax. 5258 0556
México D.F.　　　　　　　　　　 e-mail. abax@abax.com.mx

José de Yturbe Bernal

De Yturbe Arquitectos

Sierra Mojada 626, 2do. piso　tel. 5540 4368　5540 4398
Lomas Barrilaco, 11010,　　　 fax. 5520 8621
México, D.F.　　　　　　　　　 e-mail. deyturbearq@prodigy.net.mx
　　　　　　　　　　　　　　　deyturbe@infosel.net.mx
　　　　　　　　　　　　　　　www.deyturbe.com

GINA DIEZ BARROSO AZCÁRRAGA
GRUPO DIARQ

Montes Himalaya 815
Lomas de Chapultepec, 11000,
México, D.F.

tel. 5520 4404   5520 0763
fax. 5520 0786
e-mail. ginadb@diarq.com
www.diarq.com

FRANCISCO GUZMÁN GIRAUD
ALEJANDRO BERNARDI GALLO
ARTECK

Prol. Paseo e la Reforma 1232,
Torre A, 4to. piso Lomas de Bezares,
011910, México, D.F.

tel. 9149 4980/ 81/ 82
fax. 9149 4983
e-mail. abq@adetel.net.mx

MARCO POLO HERNÁNDEZ BOIX
MEMORIA CASTIZA

41 Pte. 2120, loc. C y K, Exhacienda
La Noria, 72410, Puebla, Pue.

tel. (01222) 211 09 50
(01222) 294 80 19
e-mail. memoria@gemtel.com.mx

ALEJANDRO HERRASTI ORDAZ
INTEGRA, ARQUITECTURA E INTERIORES

Acueducto Río Hondo 28-406,
Lomas Virreyes, 11000,
México, D.F.

tel. y fax. 5540 3881   5540 3847
e-mail. alejandroherrasti@prodigy.net.mx
www.geocities.com/alejandroherrasti

LOURDES LEGORRETA HERNÁNDEZ
ARLLE COORDINACIÓN

Sierra Nevada 460,　　　　　tel. 5520 0745
Lomas de Chapultepec, 11000,　fax. 5520 4045
México, D.F.　　　　　　　　e-mail. lourdes_01@hotmail.com

RICARDO LEGORRETA VILCHIS
VÍCTOR LEGORRETA HERNÁNDEZ
NOÉ CASTRO CASTRO
LEGORRETA + LEGORRETA

Palacio de Versalles 285-A,　tel. 5251 9698
Lomas Reforma, 11020,　　　fax. 5596 6162
México, D.F.　　　　　　　　e-mail. legorret@l+l.com.mx
　　　　　　　　　　　　　　gagrisi@l+l.com.mx

GENARO NIETO ITUARTE
GRUPO ARQUITECTÓNICA

Prol. Paseo de la Reforma 39-208,　tel. 5292 0056　5292 3931
Paseo de las Lomas, 01330,　　　　fax. 5292 3681
México, D.F.　　　　　　　　　　　e-mail. gruparq@prodigy.net.mx

NORMA REDO HOEFFER
CONSULTORÍA EN DISEÑO DE INTERIORES

García Conde 13,
San Miguel Chapultepec, 11850,
México, D.F.　　　　　tel. 5515 1661　　5515 5859

Roberto Redo Hoeffer
Gonzalo Altamira
Elaborado 2000 Diseño

Avenida México 99-404,
Hipódromo Condesa, 06170,
México, D.F.

tel. 5564 1494   5564 3119
fax. 5564 1524

Juan José Sánchez-Aedo
Arquitech

Blvd. Adolfo López Mateos 597, 4-A,
Ampliación Daniel Garza, 11830,
México D.F.

tel. 5277 1322
fax. 5516 1149
e-mail. saedo@grupoarquitech.com.mx
www.grupoarchitech.com

Javier Sordo Madaleno
Claudia López-Duplán
Ana Paula de Haro
Dentro

Moliere 222, loc.1201,
Polanco, 11560,
México, D.F.

tel. 5282 0743   5251 8104
fax. 5282 0744
e-mail. dentro@dentro.com.mx

Javier Valenzuela Gorozpe
Fernando Valenzuela Gorozpe
Guillermo Valenzuela Gorozpe
Terrés

Av. Vasco de Quiroga 3800-529,
Centro Comercial Santa Fe, 05109,
México D.F.

tel. 5570 3655   5261 1004
e-mail. terres07@prodigy.net.mx

Colaboradores
COLLABORATORS

	PROYECTO	PROYECTO DE DISEÑO DE INTERIORES	PROYECTO ARQUITECTÓNICO
Mariangel Alvarez Coghan Covadonga Hernández García	■ Casa Los Secretos ■ Casa Los Arcos ■ Casa La Punta ■ Casa Parque Escondido	Marqcó Marqcó Marqcó Marqcó	Arq. Oscar Uribe Arq. Guillermo Kramer y Hemkes Arq. Pablo Roldán Sordo Madaleno Arquitectos
Humberto Artigas del Olmo	■ Casa Club de Golf	Rosalía Morales	Humberto Artigas y Asociados Gustavo Medellín Jorge Conde
Fernando de Haro Lebrija Jesús Fernández Soto Omar Fuentes Elizondo	■ Casa Bosques de las Lomas ■ Casa en Lomas de Chapultepec ■ Casa en la Punta ■ Casa en Tecamachalco ■ Casa en la Balsa	Abax Abax Abax Abax Abax	Abax Abax Abax Abax Abax
José De Yturbe Bernal	■ Casa Los Magueyes ■ Casa de las Palapas	Arq. José De Yturbe Arq. José De Yturbe	Arq. José De Yturbe Arq. José De Yturbe
Gina Diez Barroso Azcárraga	■ Depto. Frondoso II ■ Residencial del Bosque ■ Depto. Torre Altus	Grupo Diarq Grupo Diarq Grupo Diarq	Grupo Diarq Grupo Diarq Grupo Diarq
Francisco Guzmán Giraud Alejandro Bernardi Gallo	■ Casa Bezares ■ Casa Andrea	Arq. Francisco Guzmán Arq. Alejandro Bernardi Arq. Francisco Guzmán Arq. Alejandro Bernardi	Arteck Arteck
Marco Polo Hernández Boix	■ Casa Bernat Kuri ■ Casa de la Llave ■ Casa Bernat Lizaola	D.T. Leonor Mastretta Arq. Irma Pérez Arq. Carolina Cantero D.T. Leonor Mastretta Arq. Irma Pérez Arq. Carolina Cantero D.T. Leonor Mastretta Arq. Irma Pérez Arq. Carolina Cantero	Grupo Taller de Arquitectura Arq. José Robredo Arq. Elias Adam Grupo Taller de Arquitectura Arq. José Robredo Arq. Elias Adam Grupo Taller de Arquitectura Arq. José Robredo Arq. Elias Adam

	PROYECTO	PROYECTO DE DISEÑO DE INTERIORES	PROYECTO ARQUITECTÓNICO
Alejandro Herrasti Ordaz	Depto. Rincón del Bosque	César Pelli Alejandro Herrasti Grupo Diarq	Alejandro Herrasti Yolanda de la Llave
	Depto. Polanco	Alejandro Herrasti	Alejandro Herrasti
Lourdes Legorreta Hernández	Casa Ariztegui	Arq. Lourdes Legorreta	Arq. Jorge del Río
Ricardo Legorreta Vilchis Víctor Legorreta Hernández Noé Castro Castro	Casa Monte Tauro	Ricardo Legorreta Vilchis	Ricardo Legorreta Vilchis
	Casa Víctor y Jacinta	Víctor Legorreta Hernández	Víctor Legorreta Hernández
	Casa Lucía	Ricardo Legorreta Vilchis Víctor Legorreta Hernández Noé Castro Castro	Ricardo Legorreta Vilchis Víctor Legorreta Hernández Noé Castro Castro Armando Chávez José Vigil
Genaro Nieto Ituarte	Casa en Arcano	Grupo Arquitectónica Arq. Genaro Nieto	Grupo Arquitectónica Arq. Genaro Nieto Arq. Leopoldo Nava
	Casa en Valle de Bravo	Grupo Arquitectónica Arq. Genaro Nieto	Grupo Arquitectónica Arq. Genaro Nieto Arq. Leopoldo Nava
	Hacienda de la Luz	Grupo Arquitectónica Arq. Genaro Nieto	Grupo Arquitectónica Arq. Genaro Nieto Arq. Leopoldo Nava
Norma Redo Hoeffer	Casa en Tacubaya	Norma Redo Hoeffer	
	Casa Acapulco	Norma Redo Hoeffer	
	Depto. Playa Mar	Norma Redo Hoeffer	
Roberto Redo Hoeffer Gonzálo Altamira	Casa Martín del Campo	Roberto Redo Hoeffer Gonzálo Altamira	Roberto Redo Hoeffer Gonzálo Altamira
Juan José Sánchez-Aedo	Casa en Bosques de las Lomas	Grupo Arquitech	Grupo Arquitech
Javier Sordo Madaleno Bringas Claudia López Duplán Ana Paula De Haro	Casa en Atalaya	Espacio y Color Javier Sordo Madaleno Bringas Claudia López-Duplán	Espacio y Color Javier Sordo Madaleno Bringas Claudia López-Duplán
	Dentro	Claudia López-Duplán José Luis Monroy	Espacio y Color Javier Sordo Madaleno Bringas Claudia López-Duplán
Javier Valenzuela Gorozpe Fernando Valenzuela Gorozpe Guillermo Valenzuela Gorozpe	Casa Lomas de Chapultepec	Terrés	
	Casa Bosques de las Lomas	Terrés	

Se terminó de imprimir en el mes de Octubre del 2002 en
Toppan Printing Company, Hong Kong.
Su formación se llevó a cabo con el programa
QuarkXpress, utilizando tipografías Myriad y Giovanni.
Esta impreso en prensa plana. El cuidado de la edición
estuvo a cargo de Arquitectos Mexicanos Editores.
Esta segunda edición consta de 4,000 ejemplares.